51
Lb 3529.

# ATTENTAT DU 13 SEPTEMBRE 1841.

## DEUXIÈME PARTIE

DU

# RAPPORT

FAIT A LA COUR DES PAIRS,

*Par M. le Comte de Bastard.*

## ARRAS,

IMPRIMERIE D'AUG. TIERNY, RUE ERNESTALE, N.º 292.

—

**1841.**

# A Messieurs les Electeurs

## Du Département du Pas-de-Calais.

*Messieurs,*

Plusieurs électeurs du département du Pas-de-Calais viennent de faire imprimer et soumettent à votre méditation la deuxième partie du rapport, à la Cour des Pairs, sur l'attentat du 13 septembre 1841.

Ils vous prient de lire, avec toute l'impartialité qu'un honnête homme doit apporter dans l'examen des questions qui intéressent à un si haut degré la sécurité du pays, ce document dans lequel l'honorable rapporteur a retracé la marche et recherché la cause des sociétés secrètes. Ils vous conjurent de ne pas écouter la voix des partis, et de ne consulter que votre raison et votre conscience.

Les événemens dont nous sommes témoins depuis dix ans, nous ont donné de terribles leçons. La vie du Roi et celle de ses enfans ont été menacées six fois ; nos plus grandes villes ont été ensanglantées, il n'est pas une seule commune dans toute la France où les partis n'aient cherché à faire naître des désordres. Partout on a essayé de répandre l'inquiétude et le malaise, partout on a exalté les passions, égaré les imaginations faibles. Il est devenu enfin bien évident, pour tous les hommes sensés, qu'au milieu d'une société livrée à d'aussi persévérantes attaques, il ne pourrait y avoir aucune garantie d'ordre dans le présent, aucune espérance de sécurité pour l'avenir.

L'honorable rapporteur de la Chambre a peint cette situation avec les couleurs les plus fortes et les plus vraies ; il en a attribué la cause d'abord aux enseignemens de la presse radicale qui, dans son hostilité contre l'ordre social, menace à la fois l'ordre, la liberté, la famille, la religion et la propriété ; en second lieu, à l'action, bien funeste également, de cette partie de la presse qui sans se rendre complice du radicalisme, en ayant même bien souvent l'air de le combattre, lui vient cependant en aide en affaiblissaut chaque jour insensiblement le pouvoir et en détruisant peu à peu le respect dû à l'autorité royale.

Ce document qui n'exagère rien, mais qui ne tait rien de ce qu'il était important de dire, a porté la conviction au fond de notre âme, nous venons donc le soumettre à votre attention toute particulière, afin que vous compreniez la nécessité d'unir vos efforts aux nôtres pour combattre partout les entreprises de l'anarchie.

Vous y êtes intéressés comme citoyens, comme chefs de familles, comme propriétaires, car l'opposition qui s'avoue fièrement illégale et bien souvent même celle qui se dit légale ont travaillé à la ruine des principes qui, de tout tems, ont eu des droits à la vénération des peuples.

Nous voulons défendre nos institutions, maintenir tous nos droits, opposer des idées justes, des enseignemens salutaires aux publications funestes répandues avec une infatigable persévérance jusque dans les hameaux ; veuillez nous seconder de votre influence et de vos efforts.

Une Réunion d'Électeurs
*Du département du Pas-de-Calais.*

# ATTENTAT DU 13 SEPTEMBRE 1841.

*Deuxième partie du Rapport fait à la Cour des Pairs, par M. le comte* DE BASTARD.

Nous vous disions, Messieurs, dès les premières lignes de ce rapport, que l'attentat du 13 septembre, ainsi que tous ceux qui, depuis dix années, ont épouvanté le pays, se rattachait à un vaste et persévérant complot, œuvre des Sociétés secrètes qui, dans cette période de tems, n'ont cessé d'exister, de se propager en France et d'y pervertir tout ce qu'elles ont pu atteindre. Le moment est venu de développer devant vous les motifs qui doivent porter dans vos esprits la conviction de ce que nous n'avons pas craint d'avancer à cet égard.

Le premier pas, le pas décisif qui a entraîné Quenisset dans la route où il s'est précipité, et qui l'a conduit jusqu'à l'horrible attentat qui vous est déféré, a été fait le jour de sa réception dans la Société des Travailleurs égalitaires. A partir de cet instant, il ne s'est plus appartenu : tout ce qu'il y avait de violent dans ce caractère irascible a été mis au service de ceux qui lui avaient comme imposé les mains et qui l'avaient soumis au terrible serment que lui-même vous a raconté. Il était du nombre de ces instrumens aveugles dont il est si facile d'abuser, et dont les coupables égaremens accusent bien plus encore ceux qui les ont poussés au crime que ceux-là mêmes qui l'ont commis.

Mais qu'est-ce donc que cette Société des Travailleurs égalitaires, dont la puissance s'exerce d'une manière si irrésistible et si déplorable sur ceux qui ont eu le malheur de s'y laisser engager? Elle ne vous est point inconnue, cette société, car le réglement en a été trouvé dans les papiers de Darmès, qui en faisait certainement partie ; et vous n'avez pas, sans doute, perdu la mémoire de cette monstrueuse production qui a tenu tout ce qu'elle promettait, car voilà le second assassin régicide qui, dans l'espace de moins d'une année, est sorti des conciliabules dont elle est la loi écrite.

Héritière de toutes les sociétés de même nature qui l'ont précédée depuis dix années, et qu'il serait aisé de rattacher, par la similitude des procédés et des doctrines, aux clubs de 1793 et à la Société des Babouvistes, la Société des Travailleurs égalitaires, qui n'est qu'une fraction de la Société des Communistes, a dû, ainsi que le voulait l'ordre naturel des choses, outrer toutes les folles conceptions de ses devancières, et nous vous dirons bientôt jusqu'où elle les a conduites.

Mais auparavant, et pour que cette filiation vous apparaisse dans tout son jour, nous allons, Messieurs, faire repasser sous vos yeux la série des sociétés qui se sont ainsi successivement engendrées depuis 1830.

Il est indispensable que vous n'ayez aucun doute sur la liaison intime des idées et des vues qui les ont successivement produites. Elles se sont toutes fait connaître par leurs actes; et, pour qui veut bien y regarder avec un peu d'attention, rien d'obscur ne peut plus se rencontrer dans leur histoire.

Elles n'ont pas cessé, depuis 1830, d'assaillir le gouvernement né des grands évènemens de cette époque, et avec lui l'ordre social sur lequel il repose, et dont il est la garantie. Cette volonté de leur faire une guerre à outrance fut d'abord indiquée par l'impulsion donnée aux associations qui s'étaient formées dès cette année sous le prétexte de défendre la liberté de la presse et de protéger la liberté individuelle; elle éclata bientôt, sans nulle mesure, dans les clubs qui à la même époque s'organisèrent sous le nom de Société des Amis du Peuple. La violence du langage qui y fut tenu et des motions qui y furent faites s'éleva bientôt, et fort heureusement, à un degré dont la Capitale tout entière se sentit épouvantée.

Elles étaient illicites, ces réunions, la loi les condamnait formellement, et cependant il fallut, pour les dissiper, que l'autorité publique marchât sur elles à la tête de la garde nationale. Eh bien! Messieurs, malgré l'éclat audacieux de ces scènes de désordre, si séditieuses, on serait dans l'erreur si l'on croyait que là fût tout le danger.

Déjà un petit nombre d'adeptes s'étaient secrètement réunis, et ceux-là se chargeaient de diriger, par les voies les plus occultes, la tourbe qui, sans le savoir, obéissait à leur inspiration. A la Société des Amis du Peuple, obligée de se dissoudre, parce qu'elle était trop manifestement contraire aux lois, succéda celle des Droits de l'Homme, plus habilement combinée, et dont on ne crut pas d'abord que la législation en vigueur permît d'empêcher l'existence.

Vous vous rappelez, Messieurs, tout ce qui est sorti du sein de cette Société, établie au milieu de la capitale, et qui comptait de nombreux affiliés sur divers points du royaume; ces ordres du jour attentatoires à notre constitution; ces déclarations, renouvelées des tems les plus affreux de notre histoire, contre la religion, contre la royauté, contre la propriété: rien de tout cela ne saurait être effacé de votre mémoire. Vous n'avez pas oublié le vaste réseau des séditions qui éclatèrent en 1834, qui ensanglantèrent si cruellement les villes de Lyon et de Paris, et portèrent le trouble dans la France entière; elles avaient eu pour motif apparent la volonté de résister à une loi rendue dans toutes les formes constitutionnelles, et qui mettait un terme à l'existence de ces foyers incendiaires où s'élaboraient si patiemment les plus criminelles conjurations contre la paix publique, contre l'ordre de choses le plus légalement établi, le plus solennellement juré.

La révolte fut repoussée, et votre juridiction ne fut point inutilement invoquée; mais vous n'aviez point encore atteint le terme de votre pénible mission, et une dernière ressource restait aux défenseurs de la Société des Droits de l'Homme et des séditions à main armée; elle fut tentée: l'attentat de Fieschi eut lieu.

Dieu ne permit pas qu'un crime aussi épouvantable portât les fruits qui en étaient attendus ; la justice poursuivit son cours, et l'autorité des lois fut maintenue. La Société des Droits de l'Homme cessa d'exister, mais d'autres sociétés n'avaient pas tardé à se former, qui, par d'assez habiles modifications apportées à leurs réglemens, essayèrent d'échapper aux prescriptions de la loi et à la surveillance du gouvernement. Pepin, l'un des complices de Fieschy, fit connaître, à sa dernière heure, l'existence de la Société des Familles, dans laquelle il avait déjà été initié, et qui, par conséquent, subsistait depuis plusieurs mois.

Les actes de cette société, plus obscurs et plus timidement conduits que ceux des précédentes, échappèrent, pendant quelque tems, aux recherches de l'autorité. Ces recherches néanmoins ne furent pas toujours infructueuses, et elles produisirent de nombreuses saisies, faites en divers lieux, d'armes, de bombes, de cartouches, de munitions de guerre. Les pièces qui tombèrent en même tems aux mains de l'autorité, les listes mêmes, qui ne purent échapper entièrement à ses investigations, ne laissèrent aucun doute sur la source et l'origine de ces fabrications clandestines, de ces amas d'ustensiles de combat qui ne dénotaient que trop le but pour lequel ils étaient réservés. Ajoutez la simultanéité du même délit, commis le plus souvent par des hommes déjà poursuivis ou condamnés, soit comme ayant pris part aux révoltes précédentes, soit seulement comme membres de la Société des Droits de l'Homme, et il sera impossible de douter des rapports intimes qui existaient entre la société nouvelle et celles qui l'avaient précédée à des dates plus ou moins anciennes. Obéissant toutes à la même impulsion, elles se sont constamment transmis, ces sociétés, le même esprit de haine contre ce qui existe, les mêmes projets de bouleversement révolutionnaire.

Parallèlement à l'existence de la Société des Familles et des actes qui en sont clairement émanés, viennent se placer l'attentat d'Alibaud et celui de Meunier.

Alibaud, dont les relations avec les révolutionnaires étrangers étaient bien connues, a emporté le secret de l'alliance entre ces relations et celles où il aurait puisé dans sa patrie les plus criminelles incitations.

Quant à Meunier, sa faible intelligence ne permet pas de supposer que l'idée de l'attentat qu'il a commis soit d'elle-même entrée dans son esprit, et il n'a jamais dissimulé qu'il se croyait la victime des plus perfides suggestions.

Ce fut après l'attentat de Meunier, et toujours sous l'aîle de la Société des Familles, que se publièrent, avec le journal de *l'Homme libre*, d'autres écrits séditieux répandus avec profusion dans les ateliers, notamment le *Moniteur républicain*, qui les surpassa par le cynisme de ses provocations-régicides.

Toutefois, la Société des Familles était décidément trop connue, trop compromise, et ceux qui en avaient la suprême direction jugèrent qu'il était tems de la dissoudre, mais pour la reformer sous un autre nom et avec des précautions qui la rendraient plus impénétrable à la surveillance de l'autorité. Cette nouvelle création eut lieu sous le nom de Société des Saisons, le mécanisme vous en est connu, et le rapporteur du procès des 12 et 13 mai 1839 ne vous a rien laissé ignorer à cet égard ; il a dévoilé à vos yeux jusqu'aux moindres détails de cette ténébreuse organisation, qui a, vous le savez, porté ses fruits. Au milieu de la paix la plus profonde, les bandes sanguinaires sorties du sein de la Société des Saisons, et dirigées par Barbès, Blanqui et Martin-Bernard n'ont pas craint de porter le massacre et le deuil dans les rues de la Capitale, et avec un degré d'audace presqu'inouï, même dans l'histoire des plus grands attentats, se sont ruées, en plein jour, sur leurs concitoyens inoffensifs et sur la société la plus civilisée du monde, comme font à peine ces hordes sauvages qui, s'élançant dans le fond de leurs forêts, poursuivent de leur terrible vengeance la horde ennemie qu'elles viennent de surprendre.

Mais quels étaient donc les fins que pouvaient se proposer les inventeurs et les exécuteurs d'une telle entreprise et jusqu'où ne devaient-elles pas s'étendre?

C'est ici, Messieurs, que se dévoilent plus clairement la marche et les progrès des idées subversives auxquelles ont été dus les attentats qui ont succédé à celui de Barbès et de Blanqui, et vous allez juger quel développement a été donné à ces doctrines funestes que nous sommes si souvent appelés à étudier dans leurs épouvantables résultats.

La Société des Saisons avait aussi fait son tems : un jour trop puissant avait pénétré jusqu'au fond de ses repaires, il en fallait donc inventer une nouvelle, dont l'organisation ne se fit pas longtems attendre, et on eut la Société des Communistes. Ce nom seul était un symbole, et voici comment il s'explique :

Dans des tems plus voisins de l'établissement de notre dynastie nouvelle, les factions qui se montrèrent d'abord avaient pu croire que ce qui s'était fait une fois, pour le triomphe des libertés publiques et des lois, pouvait se pratiquer encore au profit de quelques ambitions déçues ou pour la réalisation de ce que l'on appela les théories plus avancées; il ne s'agissait pour cela, se dirent-ils sans doute, que de rédiger un programme révolutionnaire et d'être un jour les plus forts dans une émeute.

C'était ainsi qu'en attaquant à force ouverte la Monarchie constitutionnelle, la Société des Droits de l'Homme montrait en perspective à la France une république tout organisée, et se flattait de la lui faire accepter. S'appuyant à la fois sur les masses pour y recruter des soldats, et sur les capacités industrielles ou intelligentes, pour y chercher et y choisir des chefs influens et habiles, elle opposait gouvernement à gouvernement, et ne touchait aux principes fondamentaux de l'ordre social, qu'autant qu'il le fallait pour exciter les passions populaires, que ses chefs osaient se flatter de comprimer le jour où ils en sentiraient le besoin.

Si quelque fraction plus ardente de cette société était entraînée par l'instinct du pillage à intituler une de ses sections: *Abolition de la Propriété,* les hommes dirigeans ajoutaient aussitôt, comme palliatif de cette boutade indiscrète, qu'il n'était question d'abolir que la propriété mal acquise; mais, depuis, ce qui restait encore de voile sur tant de doctrines impies ou insensées a été déchiré par des mains trop pressées d'achever l'œuvre de destruction qui se préparait en silence.

Ainsi, l'opinion réformiste ou républicaine supposait qu'il lui serait possible de conserver les bases de notre état social, à la charge d'en démonter l'un après l'autre tous les rouages, pour les reforger suivant son caprice; mais les logiciens du parti n'ont pas tardé à s'apercevoir que, pour pousser la réforme jusqu'au bout, il fallait, après ce qu'ils appellent l'aristocratie des hauts dignitaires ou des riches, attaquer celle de la bourgeoisie et des gens aisés, puis enfin ce qui venait à la suite des bourgeois, les chefs d'ateliers et les maîtres; il n'y a pas jusqu'à la domesticité de grande maison qui n'ait été considérée par eux comme un élément de domination et de tyrannie.

De progrès en progrès, l'opinion réformiste est arrivée au système de la communauté simple, qui, se dégageant des langes incommodes de l'organisation actuelle de la société, est venue promettre au peuple un état de choses dans lequel il y aurait absence complète de toute hiérarchie, au moyen d'une association fondée sur la base de l'unité dans tout : dans la propriété, dans l'industrie, dans l'éducation.

Cette théorie, cependant, n'a pas été poussée d'abord jusqu'à ses conséquences les plus extrêmes. Ses auteurs avaient pensé que, sans rien garder de notre état politique, on pourrait du moins admettre, dans la réalisation de leurs utopies, quelques-unes de ces bases éternelles de l'ordre social sur lesquelles les plus audacieux réformateurs n'avaient pas osé jusqu'ici porter la main. Qu'ainsi, il n'était pas impossible qu'un Communiste crût à Dieu et à l'immortalité de l'âme ; qu'il conservât l'idée de la patrie, celle de la propriété et du mariage, de ce mariage auquel tant d'hommes qui l'insultent sont conduits à rendre un hommage involontaire, lorsqu'ils appliquent aux complices et aux fruits de leur libertinage ces noms sacrés qui ne peuvent pas plus disparaître du vocabulaire des peuples que les affections qu'ils représentent ne peuvent s'effacer du cœur humain.

Les Communistes simples ou unitaires se berçaient donc de l'espoir : « Que la nation ne formerait qu'une seule société de citoyens, tous frères et tous égaux en droits ; que le territoire ne serait plus qu'un seul domaine où une seule propriété, exploitée dans l'intérêt de tous ; que toutes les industries ne formeraient plus qu'une seule industrie, dirigée et exercée dans l'intérêt commun ; que tous les citoyens seraient ouvriers ; que tous auraient la même éducation élémentaire, et l'éducation la plus parfaite ; que les machines, multipliées à l'infini, rendraient le travail modéré, court, agréable, sans péril, sans fatigue et sans dégoût ; que la production serait ainsi augmentée pour produire l'aisance de tous et faire disparaître entièrement la misère ; que tous les produits de la terre et de l'industrie seraient recueillis en commun et distribués également à tous, de manière que tous fussent également bien nourris, bien vêtus, bien logés ; de manière aussi que tous pussent se marier et élever une famille, sans avoir jamais ni soucis ni tourmens, en jouissant au contraire de tous les beaux arts et de tous les plaisirs. »

*(Extrait d'une lettre d'un Communiste à un Réformiste, 7.ᵉ lettre. — Août 1831.)*

Quelque séduisant que fût ce tableau, il s'est trouvé des hommes d'une logique plus rigoureuse encore, qui n'ont pas cru que l'œuvre de la régénération pût être complète, si elle se réduisait en définitive à substituer ainsi une forme de société à une autre, en organisant différemment la propriété, l'industrie, la famille. Ce n'est pas assez, à leurs yeux, de s'en prendre aux distinctions du talent ou de la fortune, au sacerdoce, à la bourgeoisie, à tout ce qui pouvait donner à des hommes quelque apparence de privilége matériel ou social.

L'âme humaine leur semble, à son tour, un privilége qui blesse les droits de la matière, en prétendant s'élever au-dessus d'elle et lui survivre. Ils la rejettent donc, et avec elle Dieu, la propriété, la patrie, la famille et la loi: c'est sur la négation de toutes ces choses, que ces nouveaux professeurs de la science sociale prétendent fonder ce qu'ils appellent le régime de la communauté égalitaire.

C'est là, du moins, tout ce qu'il est possible de saisir à travers l'obscurité de leurs écrits qui, pour atteindre au comble de l'impiété et du délire, n'aspirent pas même au mérite de la nouveauté. Ils sont en effet consacrés presqu'en entier à exhumer de la poussière les œuvres les plus abjectes des théoriciens anarchistes les plus oubliés. Ils n'est pas jusqu'à un Sylvain Maréchal, que le cynisme de son impiété a pu seul, à la fin du xviii.ᵉ siècle, tirer de l'obscurité d'où il n'aurait dû jamais sortir, dont ils ne fassent un de leurs oracles (*)?

---

(*) EXTRAIT DE LA NOTICE BIOGRAPHIQUE

SUR SYLVAIN MARÉCHAL,

*Qui a paru dans le premier numéro du journal* l'Humanitaire :

‹ Maréchal figura avec avantage parmi les Diderot, les d'Holbach; il publia, en 1781, sans y mettre son nom, un poème philosophique dont la hardiesse souleva contre lui les hommes de mauvaise foi intéressés à l'erreur et la colère des dévots. C'était un réquisitoire foudroyant contre l'opinion qui admet l'existence d'un *être* au-dessus de la nature, et un plaidoyer plein d'éloquence en faveur du matérialisme, étayé sur les principes de la plus austère vertu, et embelli des charmes d'une poésie mâle et énergique. . . . . . . . . . . . . . . . . . . . .

» Maréchal venait de mettre au jour un opuscule philosophique, sous le titre *Almanach des honnêtes Gens*, où il avait à dessein placé le nom de Jésus-Christ entre celui d'Epicure et celui de Ninon de l'Enclos. Dénoncé au parlement, il fut, sur le réquisitoire de l'avocat-général Séguier, décrété de prise de corps, et son ouvrage condamné à être brûlé par le bourreau....

Pour que la Cour puisse mieux apprécier par elle-même où en est arrivé ce dévergondage de la pensée, nous lui demandons la permission de citer ici quelques extraits des pièces saisies par suite d'une descente de justice dont nous lui avons déjà parlé, et qui s'opéra dans la matinée du 13 septembre. Ces pièces font partie de la procédure instruite devant le tribunal de la Seine, sur les troubles précurseurs de l'attentat dont vous avez à connaître.

---

»On avait pu remarquer, dans tous ses ouvrages, sa prédilection pour la vie pastorale des premiers hommes, pour le gouvernement patriarchal, qu'il disait le seul avoué par la nature, et le seul qui pût faire le bonheur de l'humanité.

» Ce qui lui faisait surtout adopter ce système, c'est qu'il n'y trouvait plus ni lois ni gouvernemens, choses pour lesquelles il avait une grande aversion.

» L'homme, disait-il, est né pour vivre indépendant et se gouverner lui-même; il a déjà fait un pas vers la corruption quand il a reconnu au-dessus de lui un de ses semblables, valut-il beaucoup mieux que lui. La science du gouvernement est un hors d'œuvre. Le genre humain ne réussit pas à faire des masses. Séparons-nous amicalement en petits groupes. L'homme ne doit pas obéir à l'homme, son père seul a le droit de lui commander; un Roi ou des Représentans, un Code civil, une Constitution politique, tout cela est beaucoup peut-être, mais parfaitement inutile à l'homme en famille, qui préfère la paix domestique à l'éclat éphémère et périlleux de la civilisation. — Enfin, il ne voulait point de lois écrites; la morale inculquée à l'enfant dès son bas âge était, selon lui, la seule loi qui pût déterminer l'homme à bien agir. »

Ici, l'auteur de la notice paraît lui-même un peu incertain sur l'effet que pourra produire la doctrine qu'il remet si complaisamment en lumière, et il ajoute :

« Tels étaient les principaux argumens que Maréchal apportait à l'appui de son système, dans lequel il y a à prendre et à laisser, comme dans toutes les théories formulées jusqu'à ce jour. »

Mais il a soin de terminer en mettant sous les yeux de ses lecteurs l'épitaphe que s'était faite Maréchal lui-même, et qui est ainsi conçue :

« Ci repose un paisible athée !
Il marcha toujours droit sans regarder les cieux.
Que sa bonté soit respectée !
L'ami de la vertu fut l'ennemi des dieux. »

*Extrait d'une lettre adressée au sieur Charavay, rédacteur en chef du journal l'*Humanitaire*, par le sieur Gay* (*).

(Le journal l'*Humanitaire*, dont le premier numéro a paru au mois de juillet dernier, est l'organe avoué de la doctrine communiste égalitaire; c'est une de ces feuilles qui ne manquent guère de s'établir chaque fois qu'une société nouvelle vient à se former, et qui ont pour but, soit d'entretenir le zèle de ses membres, soit de lui faire de nouveaux prosélytes.)

« Anciennement, il y avait, pour le vulgaire, quatre choses sacrées : l'autel, le trône, la propriété, la famille ; aujourd'hui, personne ne croit à la royauté ; mais les républicains non égalitaires et non fraternitaires, substituent au trône un nouveau fétiche, la patrie. Les républicains égalitaires et fraternitaires, c'est-à-dire les Communistes, repoussent également ces quatre choses. Pour la propriété, le seul titre de Communiste la met hors de question. Pour la religion, les Communistes doivent être matérialistes, parce qu'ils sont rationalistes.

»Pour la famille et la patrie, ce qui est comme vous l'avez déjà fait observer, la fraternité du coin du feu et celle d'un plus ou moins grand espace de terrain, ils les doivent repousser ensemble et également, parce qu'ils ne veulent qu'une seule et même fraternité. »

*Extrait du procès-verbal d'une séance tenue, le* 20 *juillet* 1841, *par le comité des fondateurs du journal l'*Humanitaire.

Nous avons à l'unanimité reconnu et adopté, en principe, les neuf questions suivantes comme base fondamentale de la doctrine communiste égalitaire :

« La vérité :

» Est indivisible; elle seule doit guider la raison de l'homme ; c'est pourquoi l'on doit la proclamer en tout et partout d'une manière convenable.

» Le matérialisme :

» Doit être proclamé, puisque c'est la loi invariable de la

---

(*) Le sieur Gay est le propriétaire qui a prêté son terrain pour tenir le banquet dit de Châtillon (en 1840).

nature sur laquelle tout est basé, et que l'on ne peut violer sans tomber dans l'erreur.

» La famille individuelle:

» Doit être abolie, parce qu'elle établit le morcellement des affections, rompt l'harmonie de la fraternité, qui seule doit unir les hommes, et devient la cause de tous les maux qui peuvent les perdre.

» Le mariage:

» Doit être aboli, parce que c'est une loi inique qui rend esclave ce que la nature a fait libre et constitue la chair propriété individuelle; rend, par ce moyen, la communauté et le bonheur impossibles; puisqu'il est constant que la communauté n'admet aucune espèce de propriété.

» Les beaux arts:

» Etant en dehors de la nature et des besoins de l'homme, ne peuvent être acceptés que comme délassement.

» Le luxe:

» Doit disparaître, par la même raison qu'il n'est pas dans la nature et dans les besoins de l'homme.

» Les villes:

Doivent être détruites, parce qu'elles sont un centre de domination et de corruption.

» Chaque communauté:

» Devra avoir une spécialité d'état.

» Les voyages continus:

» Etant en rapport avec l'organisme et l'activité de l'homme, devront recevoir tous les développemens possibles.

» Après avoir résumé ces neuf questions, nous avons passé à la discussion et adopté à l'unanimité:

» Que l'homme n'avait ni idée, ni goût, ni penchant, ni aptitude innés, parce qu'alors il faudrait admettre qu'il y a deux natures d'homme différentes, ce qui est souverainement absurde, et par conséquent, la communauté deviendrait impossible.

» Ensuite, nous avons nié l'existence du dévoûment, en reconnaissant que ce l'on qualifiait tel aujourd'hui n'était que pur égoïsme ou la satisfaction impérieuse d'un besoin.

### Séance du 22 juillet.

« Nous avons, à l'unanimité, nié l'existence du progrès, en reconnaissant que ce que l'on appelait progrès était l'infini, une augmentation perpétuelle du bien ou du mal, se combattaient alternativement l'un par l'autre, n'admettant aucun développement parfait du bien, le niant, pour ainsi dire, repoussant toute perfectibilité.

*Extrait du n.° 1 du journal* l'Humanitaire. (*Juillet* 1841).
Extrait de l'article intitulé : *Doctrine.*

« Quelle est la cause de ces révolutions incessantes, de ces souffrances éternelles de l'humanité dont l'histoire nous offre le tableau ? La cause du mal est dans l'organisation de la société, qui, au lieu de baser ses lois sur celles de la nature et de les conformer à l'organisme humain, s'est constamment plus ou moins écartée des lois de la première, et a mis des entraves ou des obstacles au développement du second : voilà la véritable source du mal.

. . . . . . . . . . . . . . . . . . .

Les crises violentes, les révolutions diverses qui ont tour à tour et si souvent bouleversé l'humanité, sont la protestation de la nature humaine contre un ordre social qui ne garantissait pas la satisfaction entière de tous ses besoins, et le développement complet de toutes ses facultés ; tel est l'enseignement qui ressort de l'étude des vicissitudes humaines.

. . . . . . . . . . . . . . . . . . .

t « Après avoir longtems étudié et recherché la solution de ous ces problèmes, nous avons acquis la certitude que la situation égalitaire pouvait seule les résoudre tous ; notre journal le prouvera d'une manière évidente, irréfutable.

» La conséquence première de ce principe étant l'unité, l'indivisiblité ne peut admettre aucune division, aucun morcellement du sol ; nous voulons donc la communauté des biens. »

Voici maintenant un passage qui témoigne de la hauteur du dédain que les rédacteurs de l'*Humanitaire* professent pour tout ce qui n'atteint pas à la sublimité de leurs conceptions.

Extrait de l'article intitulé : *Lamennais.*

« Le dernier ouvrage de M. de Lamennais renferme un chapitre que les journaux du pouvoir se sont empressés de reproduire avec une affectation qui ne décèle que trop la profonde haine qu'ils nourrissent contre nous. Ce chapitre, dirigé spécialement contre les doctrines communistes, contient des argumens si erronés, si rebattus, que nous ne prendrions pas la peine d'en parler s'ils ne partaient pas d'une plume qui exerça autrefois une certaine influence sur la nombreuse classe des prolétaires qu'il est important de détromper. »

Votre commission ne recule pas, Messieurs, elle vient de vous en donner la preuve, devant l'accomplissement du devoir qu'elle s'est imposé de ne rien dissimuler de l'étrange délire qui s'est dévoilé à ses yeux.

Quand on voit l'ardeur avec laquelle les nouveaux Babeuf qui ont surgi autour de nous, foulent aux pieds, comme à l'envi, tout ce qu'il y a de sacré parmi les hommes, et étendent leurs sarcasmes à ceux-là mêmes qui naguère encore étaient leurs maîtres, mais dont l'esprit plus éclairé a entrevu la nécessité de s'arrêter quelque part, on reconnaît aisément que le Communisme ne se rattache plus à aucune supériorité intelligente, qu'il ne peut plus même aspirer au titre de secte, et que ce n'est plus qu'un piège et comme un guet-apens tendu à des natures incultes et sauvages qu'on enivre des plus dégoûtantes doctrines.

Si on ne les considérait qu'en elles-mêmes ces doctrines, leur absurdité paraît si grossière, si palpable, qu'il serait possible de se laisser aller à croire que le dédain suffit pour en faire justice ; mais qu'on ne s'y trompe pas : si elles sont impuissantes à élever, à fonder quoi que ce soit pour un jour, pour une heure seulement, elles savent enfanter le délire qui pousse au crime, qui ne recule pas devant l'assassinat, que l'idée même du massacre ne révolte pas.

Grâce à Dieu ! il n'est jusqu'ici qu'un petit nombre d'individus qui aient osé descendre jusqu'aux dernières conséquences de ces théories insensées ; mais quel appui ne trouvent-ils pas dans cet oubli de la morale publique et religieuse qui a fait, de proche en proche, de si désastreux progrès parmi les classes les plus nombreuses, parmi celles qui auraient tant besoin qu'un enseignement grave et sérieux, capable de fortifier la raison et d'éclairer les consciences, vint en aide à l'instruction qu'on s'efforce, à bon droit, de leur donner ! Que nous révèlent, en effet, toutes les investigations judiciaires dont les pièces s'accumulent dans vos greffes, si ce n'est l'existence, au sein de la grande société française, d'une fraction de ceux qui la composent, chez qui nul principe arrêté ne se rencontre plus, où l'on fait état de mépriser ce qui a été l'objet du respect des sages de tous les s, où l'on nie tout ce qu'ils ont affirmé, où les habitudes rdre rendent indifférent à tout ce qui assure le bonheur de la vie intérieure, où le mariage même est dédaigné? De là sortent ces êtres sans principes, sans pudeur et sans frein, qui, étrangers depuis longtems à nos fêtes religieuses, ne se mêlent à nos fêtes civiles que pour les troubler par l'émeute et les ensanglanter par le régicide.

Dans quelle enceinte, Messieurs, mieux que dans celle-ci, pourrait-il être à propos de faire entendre ces austères vérités, non-seulement pour stigmatiser les funestes tendances qui, par le mépris de la religion et des lois, préludent au bouleversement de tout ce que cette religion et ces lois protégent, mais surtout pour appeler le concours de toutes les intelligences, de toutes les puissances qui sont en état de préparer les remèdes que réclame une situation si affligeante?

Vous venez de voir sous quels auspices et sous l'influence de quels dogmes, précieusement recueillis dans l'héritage de leurs devanciers, se sont formées, depuis l'anéantissement de la Société des Saisons, les Sociétés des Communistes, des Travailleurs égalitaires et même des Réformistes, car il est impossible de ne pas être frappé de certains rapports qui existent entre cette société et les deux précédentes, soit dans la manière de s'organiser, de procéder, soit dans la composition où les mêmes noms se retrouvent si souvent. On peut croire que la Société des Travailleurs égalitaires répond, dans la Société des Communistes, à ce qu'était, dans celle des Droits de l'Homme, la Société d'Action. C'était déjà du sein des Travailleurs égalitaires qu'était sorti l'assassin Darmès; vous ne pouvez douter, d'après ses propres aveux, que Quenisset n'en ait fait partie, ainsi que presque tous les individus que l'instruction vous présente comme ayant participé à son attentat, soit directement, soit par la voie du complot; et cependant, comme si les conspirateurs avaient encore besoin de recourir à des imaginations plus exaltées, de s'assurer de quelques bras plus déterminés, de quelques instrumens plus aveugles, l'instruction a révélé la récente formation d'une nouvelle société désignée sous le nom de Société des Bastilles. Celle-ci, divisée en cohortes, devait être commandée militairement, et on la destinait, sans aucun doute, à l'exécution de quelques actes où rien ne serait épargné.

Après avoir montré, Messieurs, aussi complètement qu'il était en notre pouvoir de le faire, l'origine et la source des nombreux attentats dont la France ne cesse de gémir, après vous en avoir fait connaître la marche progressive , après vous avoir exposé les doctrines qui enfantent les conspirateurs et qui arment le bras des assassins , il nous reste à vous dire par quelle voie ces doctrines sont inculquées dans l'esprit de ceux qu'elles pervertissent, et comment une fois qu'ils en sont imbus , on s'efforce de les contraindre à ne pas reculer dans l'exécution des commandemens qui leur sont donnés par les chefs auxquels ils appartiennent, à peu près, comme l'esclave appartient à son maître.

De précieux aveux sont consignés à cet égard dans les pièces dont nous avons déjà mis quelques extraits sous les yeux de la Cour.

Le premier moyen auquel ont recours ceux qui s'appliquent à réunir dans un même esprit les Communistes dispersés, et qui veulent , suivant leur expression , faire au milieu d'eux une propagande vraie , étendue , peu coûteuse , c'est la formation de journaux mensuels dont l'abonnement , réduit à un prix minime , se trouve à la portée du pécule le plus restreint.

Il faut voir, dans les pièces où nous puisons ces renseignemens , comment , dans l'organisation de cette presse à bon marché, on puisait dans la caisse commune pour avoir le titre de fondateur de ces journaux , dont plusieurs parviennent à peine à leur troisième numéro, mais qui sont considérés sans doute comme ayant porté leur fruit, lorsqu'ils ont pu contribuer à faire l'éducation politique d'un Quenisset ou d'un Darmès.

Il n'est pas inutile de remarquer ici, en passant, comment la loi sur les cautionnemens est éludée par ceux qui se livrent à l'organisation de cette presse subreptice :

« Le journal, dit un rapport relatif à l'*Humanitaire,* paraîtra une fois par mois. On pourra , quand le nombre des fondateurs sera assez grand, et d'après l'avis de la majorité, faire paraître un second journal. Afin d'éviter le cautionnement, on lui donnerait un autre titre, et il serait revêtu d'une signature autre que celle du gérant. Les deux journaux , qui, en apparence, en feraient deux, mais qui n'en feront réellement qu'un, seront rédigés par le même comité de rédaction ou par un autre comité nommé *ad hoc*, et paraîtront à quinze jours d'intervalle. On pourra aussi, quand les fonds le permettront, publier une ou deux brochures dans l'espace d'un mois. »

C'est à l'aide de tels subterfuges que , dans les trois ou

quatre mois qui ont précédé l'attentat du 13 septembre (cette coïncidence est digne de remarque), trois journaux communistes et mensuels ont paru dans nos grandes villes manufacturières: à Lyon, sous le titre du *Travail*; à Paris, sous ceux de la *Fraternité*, de l'*Humanitaire*.

Nous ne chercherons pas si, parmi les rédacteurs de ces feuilles destinées à faire du genre humain une seule famille unitaire, il en est deux ou trois qui aient jamais pu rester d'accord pendant plusieurs jours sur un seul principe. Il nous suffit de constater qu'il leur a été possible, facile même, de s'entendre sur la nécessité de faire de la société actuelle table rase, pour y reconstruire l'édifice dont chacun d'eux prétend être plus tard l'architecte.

Sous ce rapport, il importe de remarquer que ce n'est pas seulement un organe de la presse ouvert aux plus criminelles folies que l'on se procure en fondant un pareil journal.

Les documens saisis nous apprennent que l'on y trouve à la fois un noyau puissant d'association et un texte de discussion orale. Outre les fonctions du comité chargé de préparer la rédaction de l'*Humanitaire*, nous voyons en effet que les fondateurs (et on le devenait au prix de deux francs une fois payés) se réuniront chaque mois dans des assemblées générales dans lesquelles on s'occupera d'entendre et de discuter le compte-rendu du gérant, mais dont le but sera surtout (nous citons textuellement) de faire connaître entr'eux les Communistes, de les rallier, de leur donner une direction pour les délibérations importantes qu'on y prendra, suivant les circonstances. Et, comme l'espace d'un mois à un autre pourrait être trop long, on décide que la masse des fondateurs sera divisée en fractions ou sections de quinze hommes, qui se rassembleront dans des lieux particuliers, et formeront, pour ainsi dire, autant de petits clubs où se discuteront tous les objets relatifs à la communauté, et où se prépareront les délibérations à prendre dans les assemblées générales. (Extrait du rapport fait par le sieur Charavay, sur la publication de l'*Humanitaire*.)

Ce n'est pas tout: les mêmes documens établissent que la lecture à haute voix de ces journaux sert de prétexte à des réunions où l'on développe sans doute ce qui ne paraît pas encore assez clair dans leurs principes ou dans leurs projets, et qu'il s'est ouvert dans nos faubourgs des espèces de chaires dans lesquelles viennent s'installer des professeurs qui enseignent presque publiquement les doctrines du Communisme, et dont l'auditoire, composé mi-partie d'hommes et de femmes, comme dans des tems de sanglante mémoire, est au besoin appelé à résoudre, par assis et levé, les plus graves questions de philosophie sociale (*).

(*) Nous citerons ici un passage digne de remarque d'une lettre saisie au domicile de *Charavay*. On ne saurait voir un tableau plus animé de l'espèce de désordre qui règne dans les idées de ces nouveaux précepteurs du genre humain, qui ne reconnaissent pas même la souveraineté du nombre, et qui accordent à un seul opposant dans les plus hautes matières, le droit de *veto*.

Extrait d'une lettre écrite par le sieur *Charavay* au sieur **May**, l'un des rédacteurs de l'*Humanitaire*.

» Nous étions en voie d'accommodement avec les *Cabétistes* ; de-
» puis quinze jours on parlementait, et les bonnes dispositions de
» la plupart d'entr'eux, qui semblaient se rendre à nos argumens
» péremptoires, nous faisaient espérer une fusion prochaine. Or,
» nous voulions éviter de froisser leur patron, afin de ne pas les
» indisposer eux-mêmes, et de perdre ainsi le fruit de tout ce que
» nous avions déjà fait. Nous n'avons donc mis sur le *Populaire*
» qu'un très-petit article pris dans le vôtre, et que nous avons
» tourné de manière à produire l'effet qne nous en attendions ;
» mais nous n'avons pas tardé à ressentir que nous nous étions
» fait illusion, et que nous nous étions nourris d'une belle chimère.
» *Cabet*, voyant la tournure que prenaient les affaires, se disposa
» à les faire changer de face. Les succès que nous obtenions au
» faubourg Saint-Antoine dans les cours ICARIENS (le *Voyage en*
» *Icarie*, publié par le sieur *Cabet*, est l'exposé le plus complet de
» sa doctrine), où la vraie doctrine commençait à être comprise,
» menaçait d'anéantir son influence ; il envoya son lieutenant *Dé-*
» *sumy* pour nous débusquer de la position. Celui-ci, la première
» fois qu'il vint, essaya de discuter avec nous ; mais il sentit la
» faiblesse de ses argumens erronés, et il se hâta bien vite de
» changer de terrain pour en finir avec nous.

» Dans la seconde séance, où il y avait bien *quatre-vingts*
» personnes, parmi lesquelles il se trouvait des femmes, il fit appel
» aux préjugés ; et loin de répondre aux questions à lui posées, il
» sautillait d'un point à un autre et couronnait toujours ses disser-
» tations assommantes par l'*inopportunité*. Cependant la discussion
» s'était engagée, à son grand déplaisir, et ne trouvant pas de bonnes
» raisons à donner, il ne vit pas de meilleur moyen que de de-
» mander un vote pour savoir ceux qui avaient raison ou tort. Ici
» nous nous élevâmes contre la souveraineté du nombre, disant
» que tant qu'il y aurait un citoyen non convaincu, on ne pourrait
» pas voter, et que dès que tous le seraient, il n'y aurait plus be-
» soin de vote. Sur ce, *Désumy* nous fit une délicieuse apologie de

Ces prétendus journaux mensuels, qui se font un jeu de violer toutes les lois relatives à la presse périodique, ne sont pas, au reste, les seuls moyens de communication et de corruption employés pour atteindre les malheureux dont on parvient, dans les lieux où on les leur fait lire, à égarer la raison et à fausser la conscience; les brochures les plus odieuses, les plus perverses, viennent continuellement en aide à ces journaux; la presse criminelle dont elles émanent, n'en a pas laissé manquer, dans ces derniers tems, les adeptes, qui déjà avaient lu avec tant de fruit celles que vous a fait connaître le rapport si lumineux que vous avez entendu dans l'affaire de Darmès.

Nous voici arrivés, Messieurs, au moment où votre attention doit être plus spécialement appelée sur le moyen dont les principaux artisans de toutes les misères que vous déplorez savent user avec tant de succès, pour enlacer les malheureux qu'ils subjuguent.

L'instruction qui est en ce moment sous vos yeux en a montré l'emploi et les conséquences plus clairement peut-être qu'on ne l'avait pu faire jusqu'ici. Tout repose, dans l'exercice de cette puissance ténébreuse, sur la valeur qu'attachent malheureusement ceux qui les poussent à des sermens occultes, imposés avec les formes les plus capables de terrifier les imaginations faibles ou exaltées.

Ainsi, dans un tems où l'on a déploré si souvent l'oubli des sermens les plus solennels, commandés par les lois et prêtés avec une entière liberté, ce procès, comme tant d'autres, nous montre que des sermens secrets, prêtés contre les lois et dans le but de leur renversement obtiennent de la part de ceux qui s'y sont soumis, un respect et une fidélité qui ne s'ébranlent que très-difficilement.

---

» la souveraineté du peuple, de la démocratie, etc., et demanda
» avec acharnement qu'on passât aux voix. Le président fait voter
» et nous restons inébranlables sur nos siéges, sans prendre aucune
» part à cet acte ridicule. Voyant notre contenance, une voix
» s'élève parmi eux, au premier tour d'*assis* et *levé*, et s'écrie:
« Vous ne vous apercevez donc pas qu'ils se moquent de vous,
» qu'ils vous laissent voter tout seuls. » Cette saillie suspendit le
» vote, et la séance fut levée au milieu d'une grande agitation. Les
» conversations particulières commencèrent; chacun récriminait à
» sa façon, et nous nous séparâmes là-dessus *avec l'intention de*
» *ne plus revenir troubler le repos des Icariens*, mais d'attendre qu'ils
» viennent à nous de bonne volonté. »

On jugerait peut-être avec moins de sévérité ceux qui se laissent enchaîner par ce lien coupable, si l'on ne savait à quel point est grande dans leur aveugle dévoûment la part qu'il faut faire aux horribles menaces qui se sont fait entendre à leurs oreilles, et qui ne cessent d'y retentir pour le cas où ils seraient infidèles aux engagemens qu'on leur a fait contracter.

La preuve de cette vérité, déjà acquise dans le procès de Darmès, se trouve écrite, et en des termes bien saisissans, dans l'interrogatoire de Quenisset, et dans deux ou trois autres encore qui font partie des pièces sur lesquelles vous pouvez jeter les yeux.

Il est au reste naturel que ceux qui organisent des trames aussi criminelles aient recours, pour se mettre à l'abri des révélations, à tous les moyens de terreur dont ils peuvent disposer, et vous avez déjà été plus d'une fois dans le cas de remarquer combien l'usage de ce moyen influait puissamment, même sur les témoignages qui sont recueillis en votre présence.

Mais faudra-t-il donc toujours que la justice reste impuissante devant un désordre dont les conséquences sont aussi funestes, et quand la preuve est acquise de ces sermens qui mettent ceux qui les prêtent en rébellion ouverte contre les lois de leur pays, ne pourrait-on pas trouver, pour que ces lois soient préservées d'un tel danger, quelque moyen plus efficace que ceux qui sont employés aujourd'hui?

A Dieu ne plaise que nous demandions à la législature des rigueurs exagérées! Ce que nous souhaitons, c'est que ce qui est défendu par la loi, soit efficacement empêché; c'est que les circonstances qui rendraient l'infraction plus coupable ne passent pas inaperçues. Quand nous formons un tel vœu, le sentiment auquel nous cédons n'est que celui de la pitié pour les malheureux qu'on abuse si cruellement et qui, instrumens choisis pour le crime, comme ils le sont aujourd'hui, se voient livrés, presque sans moyen d'échapper à leurs éhontés corrupteurs. A qui, en effet, s'adressent aujourd'hui les prédicateurs de cette odieuse propagande? Définitivement repoussés par la jeunesse studieuse qui peuple nos écoles, et sur laquelle ils ont si longtems dirigé leurs efforts, comprenant qu'ils rencontreraient là des idées déjà trop élaborées par la réflexion et l'étude, pour qu'il y eût moyen de leur faire accepter les stupides conceptions auxquelles ils sont arrivés, les voilà qui se prennent aux ouvriers de toutes les classes, à ceux-là surtout que notre croissante industrie tient agglomérés dans les faubourgs de la Capitale. Pour ces hommes, qui vivent du travail journalier de leurs mains, le salaire n'est pas toujours tel qu'ils y trouvent l'aisance qu'il est naturel de souhaiter; et que fait-on, alors? On leur persuade quelquefois, comme dans le cours de l'année dernière, de suspendre tout d'un coup leurs travanx. A cette époque, la durée des pertes qui leur furent imposées de cette manière, a été, pour le plus grand nombre, de près d'un mois.

Dans quel but les a-t-on soumis à une si rude épreuve, qui, pour ceux qui n'étaient que dans le malaise, a nécessairement amené la misère, si ce n'est dans le but trop évident d'entraîner la grande collision à laquelle on aspire sans cesse, et d'où l'on croit pouvoir faire sortir le bouleversement tant souhaité? Lorsque la fermeté de l'admnistration eut fait évanouir cette espérance, quad le bon sens des masses eut enfin fait comprendre à chacun qu'il fallait, pour ne pas accroître une détresse qui devenait intolérable, regagner l'atelier où se retroùvéraient, avec le travail accoutumé, les moyens de subsistance : à quoi s'est-on alors arrêté? On les a poursuivis jusque dans leurs ateliers ces malheureux ouvriers; là, les membres de la Société des Communistes ont eu mission de leur remplir l'esprit de toutes les folies qui y sont professées; on est venu leur dire qu'une révolution comme ils en ont déjà tant vues ne suffirait par pour leur assurer le sort qui leur est dû; qu'il fallait une révolution sociale, et que dans celle-là ils trouveraient enfin le bonheur auquel ils ont droit d'aspirer.

On peut lire dans l'interrogatoire de Quenisset le programme de la félicité fabuleuse qui leur est garantie, quand ils auront fait échouer le trône.

« Des ateliers nationaux, des écoles mutuelles et autres établissemens du même genre : de ces ateliers nationaux, il y en aura un par département; l'ouvrier n'aura pas besoin de s'inquiéter, il sera payé à un prix fixé par la loi, lequel sera bien plus élevé que celui auquel on travaille aujourd'hui; et enfin, il n'y aura plus que huit heures de travail par jour. »

Ces folies sont bien grandes, Messieurs, et quand autrefois l'histoire des peuples nous en offrait de semblables, ou nous refusions d'y croire, ou notre dédain en faisait justice. Aujourd'hui, ni cette incrédulité, ni ce dédain ne nous sont plus permis, un seul sentiment les doit remplacer, celui du devoir qui commande de tout faire pour en arrêter le cours, et pour préserver au moins de la contagion ceux qui n'en sont pas encore atteints.

Il faut que tous les voiles, que tous les masques, soient arrachés ; il faut qu'il ne soit plus possible de déguiser , sous l'apparence d'un perfectionnement social , des projets de bouleversemens et de meurtres. Il faut qu'on ne puisse plus couvrir des grands mots de fraternité , d'humanité et d'égalité, des projets sanguinaires dont les conjurés seuls ont le dernier mot.

Car enfin, vous le voyez, Messieurs, le complot dont vous avez à vous occuper aujourd'hui se montre avec un caractère qui n'avait point appartenu, aussi clairement du moins , à ceux dont jusqu'ici vous avez eu à connaître ; pour cela, en effet, l'attentat semblait être le but du complot ; le fanatisme et la haine pouvaient suffire à l'expliquer, ou du moins, ceux qui s'y livraient ne semblaient travailler, suivant l'expression même de la loi pénale, qu'à changer la forme du gouvernement, et ils y étaient poussés , soit par un désir aveugle de vengeance, soit pour s'emparer à tout prix du pouvoir.

Mais, dans la théorie nouvelle des conjurations qui s'attaquent à la société tout entière, l'attentat n'est plus qu'un moyen systématiquement employé pour frayer la voie à d'autres crimes. Un des conjurés s'essaie froidement sur un jeune prince qui vient de faire l'apprentissage du commandement avec celui des dangers et des fatigues de la guerre ; et comment pourrait-il le haïr , quand il a déclaré lui-même qu'il ne le connaissait pas ! Ce n'est donc point la colère qui arme son bras ; ce n'est pas davantage le besoin ou la misère ; c'est, suivant le langage des sociétés secrètes , une démonstration qu'il s'agit de faire pour obéir aux ordres du comité.

Nous ne croirions pas , Messieurs, avoir suffisamment accompli la tâche qui nous est imposée , nous ne croirions pas nous être suffisamment acquittés de ce que nous devons à la cour, de ce que nous devons au Roi , et au pays qui nous entendra, si, portant le flambeau de la vérité jusqu'au fond d'une situation qui, dans l'intérêt de tous , ne saurait être trop soigneusement explorée, nous ne vous disions pas en terminant ce qui nous est apparu, dans cette situation, de l'action de la presse et de la place qu'elle y tient.

Il le faut, d'ailleurs, pour qu'aucune confusion ne puisse avoir lieu, pour que les bienfaits de la liberté de la presse ne soient pas souillés dans l'opinion par le détestable usage que ne craignent pas d'en faire quelques écrivains pervers , ses plus dangereux ennemis.

Nous le disons avec douleur, et les faits dont vous venez d'entendre le récit ont dû faire naître dans vos esprits la même conviction : parmi les causes qui ont préparé les crimes dont nous gémissons, la presse, et trop souvent la presse périodique, par ses excès ou par ses imprudences, occupe la première place. La plus précieuse de nos libertés est devenue, entre les mains d'un trop grand nombre d'hommes, un instrument de perversité et de désordre. Les factions ont compris toute la puissance de cette voix retentissante, qui, rapide comme l'éclair, pénètre partout, franchit toutes les distances, et, frappant à coups redoublés, réveille les âmes les plus engourdies, excite et emporte les esprits naturellement ardens et mobiles ; elles n'ont donc rien négligé pour en faire l'instrument le plus actif de leurs criminels projets.

Vous n'avez point oublié combien avaient été puissantes, dans les déplorables événemens du mois d'avril 1834 , les excitations de certains écrits, de certains journaux, qui ont alors passé sous vos yeux et dont les auteurs ont été atteints par votre juridiction.

Les lois de septembre semblaient avoir rendu le retour d'un mal aussi grand, sinon impossible, du moins plus difficile, et cependant vous avez vu bientôt après comment le régicide Meunier s'était exalté par la lecture du *Réformateur*. Le journal de *l'Homme libre* et le *Moniteur républicain*, qui n'étaient à la vérité que des productions clandestines, vinrent efficacement en aide, avec beaucoup d'autres écrits dont plusieurs ont été saisis et poursuivis, aux hommes qui ont suscité les attentats du mois de mai 1839, et qui en ont dirigé l'exécution. Le tableau qui fut tracé devant vous, à cette époque, de l'ensemble de ces œuvres anarchiques et incendiaires, était trop complet et trop frappant pour qu'il ne soit pas encore présent à tous les esprits. Le procès de Darmès n'a pas été moins fécond en documens de même nature, et nous avons déjà mis sous vos yeux, dans l'instruction qui vous est soumise aujourd'hui ceux qu'elle présente en si grand nombre. Nous avons fait connaître par leurs noms plusieurs de ces feuilles périodiques récemment introduites dans la circulation, et destinées aux Sociétés secrètes, où elles devaient entretenir le feu des passions qu'on avait su y allumer. Vous avez entendu la lecture de certains passages de l'une de ces feuilles, et les procédés auxquels leurs éditeurs ont recours pour les créer et pour les répandre, vous ont aussi été soigneusement exposés. Vous avez dû remarquer, et il est impossible que vous n'en ayez pas été frappés, l'accent de ce sombre retour sur lui-même, auquel l'un des prévenus s'est livré au moment où il disait, devant le juge d'instruction, à quel point avait été puissante, sur son imagination, l'action des brochures distribuées dans les réunions auxquelles il assistait.

Vous savez enfin les découvertes auxquelles ont donné lieu les saisies opérées chez le sieur Charavay. Le tems nous manquerait pour faire passer, même très-succinctement, sous vos yeux l'exposé, non de tant de doctrines, car un tel mot serait ici hors de toute convenance, mais de tant de folles élucubrations, qui n'ont d'autre mérite que celui d'être trop bien appropriées aux effets qu'elles doivent produire.

La presse hostile qui les enfante est d'une activité et d'une persévérance qu'on peut qualifier d'infatigable. Repoussée des lieux les plus élevés où elle avait tenté d'abord de pénétrer, c'est surtout dans les ateliers et dans les cabarets qu'elle cherche aujourd'hui à établir son empire; c'est au travailleur qu'elle s'adresse, ce sont ses passions qu'elle enflamme; elle lui inspire, avec le dégoût du travail, avec le rêve d'une société impossible, les projets les plus insensés, les plus criminelles résolutions : nous n'exagérons rien, les faits ne sont que trop manifestes, que trop certains. La justice a dû plus d'une fois réprimer tant d'égaremens et de folies, elle a dû, malgré le relâchement et l'insouciance de notre tems, faire paraître à sa barre les apôtres d'une égalité impossible, d'un ordre social qui n'est pas le nôtre, qui ne sera jamais celui d'une société civilisée.

A ces écrivains dont le cynisme révolutionnaire, toujours prêt à célébrer les sanguinaires tyrans de 1793, se complaît à refaire l'histoire de Robespierre et s'applique à chercher dans Marat des vertus qu'ils puissent honorer et célébrer, à ces propagateurs de tous les principes subversifs, non-seulement de nos institutions, mais de la propriété, de la famille, à ces provocateurs auxquels la loi pénale impose seule quelques artifices de langage, nous n'avons rien à dire, nos conseils n'exciteraient que leurs dédains; ils ne s'abusent pas, ces hommes, sur la portée de leurs théories, ils ne cherchent que les moyens de proclamer impunément leurs vœux pour le renversement du trône et le bouleversement de la société. Opiniâtres et incorrigibles, c'est à la justice du pays qu'il faut les abandonner; seule elle peut, en se pénétrant de la sainteté de sa mission, en couvrant de son égide la monarchie et la liberté, préserver la société et la patrie des affreux désordres où l'on voudrait les précipiter.

Mais la presse décidément ennemie, celle qui se propose le renversement de nos institutions et le bouleversement de la société, n'est pas la seule qui doive appeler ici votre attention. Nous ne ferons point à la presse imprudente qui, par la témérité de ses assertions, abuse seulement du droit de critique et d'opposition, l'injure de la confondre avec celle-là, mais nous n'accomplirions pas notre mission dans toute son étendue, si nous ne disions pas aussi le mal qu'elle peut produire.

Loin de nous la pensée de rien enlever aux droits de la critique et de l'opposition constitutionnelle. Ces contradictions légitimes, au lieu d'affaiblir le pouvoir, le fortifient, en donnant à ses actes, comme à la loi, toute la puissance morale de la libre discussion. Si le débat se renfermait dans un cercle d'esprits éclairés, peu importerait la forme, quelque vive, quelque hardie, quelque audacieuse qu'elle pût être. Mais, on le sait aujourd'hui, le public tout entier assiste aux luttes politiques, il en est spectateur et juge. C'est là un des bienfaits de la presse, mais c'est aussi un danger. Pour les esprits peu éclairés, la presse opposante est aisément confondue avec la presse hostile; on se laisse aller par une pente très-naturelle à croire que si l'une est l'avant-garde, l'autre est le corps d'armée, et que si leur marche n'est pas également téméraire et rapide, elles tendent cependant l'une et l'autre au même but, le renversement de nos institutions. Les imaginations aventureuses, ainsi abusées, n'hésitent pas à se persuader qu'elles trouveraient au besoin grand nombre d'adhésions dans le pays, et la presse, qui ne voudrait faire que de l'opposition, peut devenir, de cette manière, involontairement complice, au moins indirecte, de criminelles folies. Elle ne sait pas cette presse, nous aimons à le croire et à le dire, le mal qu'elle produit par les exagérations et les témérités de sa polémique! Et cependant, après tant et de si funestes avertissemens, les écrivains auxquels s'adressent ces réflexions, ne devraient-ils pas se préoccuper quelquefois des dangers qui peuvent résulter d'une discussion intempestive et peu mesurée des principes de notre gouvernement, alors même qu'on n'aurait au fond d'autre intention que celle de les affermir? Une semblable discussion n'est-elle pas trop souvent de nature à élever, dans certains esprits, des doutes

sur la valeur et l'étendue des prérogatives les plus importantes à maintenir, de celles, par exemple, qui commandent
et assurent le respect des peuples pour la puissance auguste
qui forme le couronnement de notre ordre social? Est-il
donc si difficile de se figurer les conséquences qui peuvent
en découler? Elles doivent se pressentir bien naturellement
au moment où nous prononçons ces paroles et dans l'occasion qui nous les a inspirées.

Toutefois, Messieurs, en même tems que nous avons cru
devoir signaler les dangers qui ressortent des faits dont nous
vous avons rendu compte, il importe de rappeler au pays
que l'union de tous les gens de bien triomphera toujours
d'une minorité anarchique ; qu'à diverses époques de notre
histoire, la France a déjoué, grâce à la vigilance des magistrats et à la fermeté des citoyens, les tentatives de l'esprit
de désordre. Notre tems a montré qu'il n'était dépourvu ni
de courage ni de patriotisme. Le gouvernement monarchique
et constitutionnel ne trouve-t-il pas, d'ailleurs, en lui-même
une puissance de perpétuité qu'il n'est pas au pouvoir des
factieux de lui enlever? Insensés ! qui ne comprennent pas
que la force du gouvernement royal survit au souverain ; que
la mémoire même de celui qui, à travers tant de secousses,
est parvenu à élever la France au degré de prospérité où
elle est arrivée, saurait affermir son ouvrage, et que l'héritier de son trône, instruit à son école, formé par ses leçons,
dont nos assemblées politiques ont apprécié la sagesse,
comme notre armée le courage, relèverait à l'instant même
la couronne que le vœu du pays, sanctionné par la loi fondamentale, a placé sur la tête de son père pour qu'il la transmît
à sa descendance.

Ces considérations, auxquelles nous n'avons donné que
les développemens indispensables, nous étaient, vous le
voyez, Messieurs, impérieusement commandées. Que si, en
effet, il importe de saisir le crime dès sa naissance, de le
suivre dans ses développemens et dans ses atroces explosions, il importe plus encore d'en rechercher les causes, de
les mettre en relief, de les faire toucher au doigt. D'un côté,
les esprits dédaigneux et insoucians devront enfin avouer
que ces attentats réitérés ne sont pas des accidens; de l'autre,
nous pouvons, jusqu'à un certain point, rassurer ceux que
frappent de terreur, plus encore que le crime lui-même, le
profond mystère dont ils paraissaient s'envelopper.

Aujourd'hui, les investigations de la justice ont pénétré

dans quelques-uns de ces repaires ténébreux où s'élaborent les criminelles pensées, auxquelles un seul jour de triomphe suffirait pour que la France entière fût couverte de deuil ; que les uns reconnaissent donc toute la gravité du mal qui nous environne, qui nous menace, et que les autres en mesurent froidement l'intensité et l'étendue.

Le mal est grand, sans doute, et cependant sa puissance est inférieure à celle du remède que la loi du pays offre aux hommes de courage et de fermeté ; la pusillanimité pourrait seule aplanir les voies aux ennemis infatigables de nos institutions, et à ces criminelles rêveurs qui voudraient, en renversant la monarchie, enlever à l'ordre social et à la propriété, qui en est la base, la plus ferme des garanties.

Ceux-là mêmes qu'on s'efforce de pervertir, ne devraient-ils pas comprendre cependant que le bouleversement ne profite à personne ; qu'ils se retrouveraient le lendemain plus malheureux que la veille, puisque le désordre, tarissant la source du travail, ferait retomber sur eux, plus accablant, le poids de la pauvreté, et les plongerait dans un délaissement sans remède ?

Il n'est pas douteux, Messieurs, que cette situation grave ne réclame, de la part des dépositaires du pouvoir, une surveillance active et persévérante ; de la part de la magistrature et des jurés, un zèle et une fermeté que rien n'intimide et ne décourage. La société se lasse de cette audace du crime qui ne se lasse jamais ; elle veut enfin que les grands intérêts dont elle a confié au pouvoir le dépôt et la garde, ne soient plus à la merci d'un petit nombre d'hommes, étrangers, pour ainsi dire, au milieu de nous, en dehors de notre morale, de nos institutions, de nos mœurs ; en dehors des principes éternels sur lesquels toute société repose, minorité imperceptible au grand jour, mais que rendent redoutable le mystère de son organisation, la persistance inébranlable de ses desseins, l'atrocité de ses moyen. d'action.